# ...HANTS

DU

# ...IS DE MARIE,

l'Église paroissiale de Saint-Ouen

RECUEILLIS

## Par l'Abbé A. LE BESNIER,

VICAIRE DE CETTE PAROISSE.

## A ROUEN,

Chez l'Abbé LE BESNIER, rue Bourg-l'Abbé,
n° 24;

Chez Mlle PREVOST, rue du Petit-
Maulévrier, n° 5;

Et à la Sacristie de Saint-Ouen.

**1840.**

# CHANTS

## DU

## MOIS DE MARIE,

### EN

### L'ÉGLISE PAROISSIALE DE SAINT-OUEN,

RECUEILLIS

## Par l'Abbé A. Le Besnier,

**Vicaire de cette Paroisse.**

> Puisque la dévotion envers la Vierge bien-heureuse est si solidement fondée, anathème à qui la nie et ôte aux Chrétiens un si puissant secours : anathème à qui la diminue, il affaiblit la piété dans les âmes.
>
> BOSSUET, 3e *Sermon sur la Conception de la Sainte Vierge.*

PRIX : 75 c.

## A ROUEN,

Chez l'Abbé LE BESNIER, rue Bourg-l'Abbé, n° 24 ;
Chez M<sup>lle</sup> PREVOST, rue du Petit-Maulévrier, n° 5,
Et à la Sacristie de Saint-Ouen.

ON SOUSCRIT CHEZ L'ABBÉ LE BESNIER, POUR LES AIRS NOTÉS
A TROIS ET QUATRE VOIX.

## 1840.

# INTRODUCTION.

PLUSIEURS personnes pieuses, quï fréquentent nos exercices et surtout nos réunions du mois de mai, ont manifesté le désir d'avoir les Cantiques qui se chantent chaque soir devant l'Autel de Marie, j'ai cru leur être agréable en les réunissant en un petit recueil d'un prix modique.

# CHANTS

DU

## MOIS DE MARIE.

—➤➤➤꘍◗◎◗꘍ᒧᒧᒧ—

### N° 1ᵉʳ.

## A la plus aimable des Mères.

CANTIQUE A UNE VOIX.

Je te salue , ô mois des fleurs ,
Qui portes le nom de Marie,
Tu parfumes de tes senteurs
Les bois, les champs et la prairie ;
Anime encore les feux du jour,
Sème de fleurs tous nos parterres
Pour les offrir dans notre amour
A la plus aimable des mères.    *(Bis.)*

Salut à toi riant printemps ,
Donne aux bosquets leurs verts feuillages ,
Prête aussi la parure aux champs ,
Chasse bien loin tous les orages.
Pour célébrer ton doux retour ,
Fais pousser les fleurs printanières
Pour les offrir dans notre amour
A la plus aimable des mères.    *(Bis.)*

Empressez-vous charmantes fleurs
D'apporter aux pieds de Marie
Tous vos présents et vos douceurs ;
Formez sa couronne fleurie.

Ornez , ornez ce beau séjour ,
Roses qui nous êtes bien chères ,
Pour vous offrir dans notre amour
A la plus aimable des mères.          (*Bis.*)

Chantez encore, oiseaux charmants ,
Ne cessez point , en vos ramages ,
De saluer ce beau printemps ;
Offrez-lui vos doux hommages.
Animez aussi tout le jour
Vos chants , dans les flots de lumière ,
Pour les offrir dans votre amour
A la plus aimable des mères.          (*Bis.*)

Très-sainte mère du sauveur ,
Tout te sourit dans la nature :
Ecoute aussi mon pauvre cœur ,
Ce cœur qui souvent t'en conjure ,
Il voudrait avoir , en ce jour ,
Tous les cœurs des nations entières ,
Pour les offrir dans son amour
A la plus aimable des mères.          (*Bis.*)

Par l'abbé A. L. B.

## N° 2.

# Bonheur de servir Marie.

CANTIQUE A UNE VOIX ET REFRAIN EN CHOEUR
A TROIS VOIX.

Heureux qui , dès le premier âge,
Honorant la reine des cieux,
Fuit les dons qu'un monde volage
Etale avec pompe à ses yeux !
Qu'on est heureux sous son empire !
Qu'un cœur pur y trouve d'attraits !
Tout y ressent, tout y respire
L'amour , l'innocence et la paix.

*Refrain en chœur.*

A toi nos hommages sincères,
A toi qui chéris tes enfants.
Reçois, la meilleure des mères,    } *Bis.*
Reçois pour toujours nos serments.

Mondain, ta grandeur tout entière
S'anéantit dans le tombeau ;
L'instant où finit sa carrière
Du juste est l'instant le plus beau.
La paix règne sur son visage,
Son cœur est embrasé d'amour :
Sa vie a coulé sans nuage,
Sa mort est le soir d'un beau jour.

*Refrain en chœur.*

A toi nos hommages, etc.

Comme un rocher qui, d'âge en âge,
Battu par les flots agités,
Brave la fureur de l'orage
Et l'effort des vents irrités :

Le vrai serviteur de Marie,
Sûr à jamais de son appui,
Brave l'impuissante furie
De l'enfer armé contre lui.

*Refrain en chœur.*

A toi nos hommages, etc.

Mais l'éclat d'un monde volage
Séduit-il nos faibles esprits :
Elle dédaigne notre hommage
Et le repousse avec mépris.
Dès-lors que notre âme est charmée
Des biens fragiles et mortels ;
Notre encens n'est qu'une fumée
Qui déshonore ses autels.

*Refrain en chœur.*

A toi nos hommages, etc.

Comment avec un cœur profane,
Le pécheur, malgré ses forfaits,
De la vertu qui le condamne,
Ose-t-il chanter les attraits !
Dans son âme impure et flétrie,
Nourrissant un feu criminel,
Comment ose-t-il, à Marie,
Jurer un amour éternel.

*Refrain en chœur.*

A toi nos hommages sincères,
A toi qui chéris tes enfants.
Reçois, la meilleure des mères,  }  ***Bis.***
Reçois pour toujours nos serments.

*Cantique de Saint-Sulpice*, accommodé
par l'abbé A. L. B.

# Nº 3.

# Prière

A UNE VOIX, AVEC REFRAIN EN CHOEUR.

Voici les temps heureux,
Qu'en sa reconnaissance,
A la reine des Cieux
Consacre l'innocence.

*Refrain en chœur.*

Pour prix de ses soins maternels,
Offrons ces fleurs fraîches écloses,
Et que le pur encens des roses    ( *Bis.* )
   Parfume ses autels.       ( *Ter.* )

De ses brillants atours,
La nature est parée,
Et tout fête en ces jours
Cette mère adorée.

*Refrain en chœur.*

Pour prix, etc.

Son nom sera chanté
Par la nature entière,
Car son sein a porté
Le Sauveur de la terre.

*Refrain en chœur.*

Pour prix, etc.

Implorons son amour
Près du Dieu de clémence;
Qu'elle soit chaque jour
L'appui de notre enfance.

1.

*Refrain en chœur.*

Pour prix de ses soins maternels,
Offrons ces fleurs fraîches écloses,
Et que le pur encens des roses     ( *Bis.* )
   Parfume ses autels.     ( *Ter.* )

## N° 4.

# Retour du Mois de Marie.

### CANTIQUE A UNE VOIX.

Du mois chéri, salut aimable aurore !
A l'horizon quand je vois ton retour,
Des feux de Mai quand l'aube se colore,
Mon cœur tressaille et de joie et d'amour.　　( *Bis.* )

Non, ce n'est point pour la fraîche verdure
Dont je revois le vallon embelli,
Ni pour les fleurs qui parent la nature
Qu'en ce beau jour mon cœur a tressailli.　　( *Bis.* )

Mais c'est qu'un nom, le doux nom de Marie,
A retenti jusqu'au fond de ce cœur ;
Au souvenir d'une mère chérie,
Un fils aimant trouve tant de bonheur !　　( *Bis.* )

J'entends des cieux la divine harmonie,
La harpe d'or aux sublimes accents ;
Et des élus la troupe réunie,
Faire à Marie hommage de leurs chants !　　( *Bis.* )

Puis, dans le temple, un concert de louanges
De cette vierge exalte les grandeurs,
Et de son nom que révèrent les anges
Autour de moi tout chante les douceurs.　　( *Bis.* )

Venez, enfants, saluez votre mère,
Baisez ses pieds, parfumez-les de fleurs ;
Elle mérite une offrande plus chère :
Avec vos chants apportez-lui vos cœurs.　　( *Bis.* )

C'est-là le don que sa tendresse envie,
Le seul retour qui puisse la payer;
Voici le mien, ô ma mère, ô Marie!
Possédez-le désormais tout entier.          (*Bis.*)

Il est à vous, à vous seule il veut plaire,
Par ses bontés le vôtre l'a conquis,
C'est votre bien, quelle autre qu'une mère
A plus de droits sur le cœur de son fils.          (*Bis.*)

Ah! quand j'accours pour vous en faire hommage
Digne de vous, je voudrais vous l'offrir;
Mais, tel qu'il est, qu'il soit du moins le gage
Du vif amour dont je veux vous chérir.          (*Bis.*)

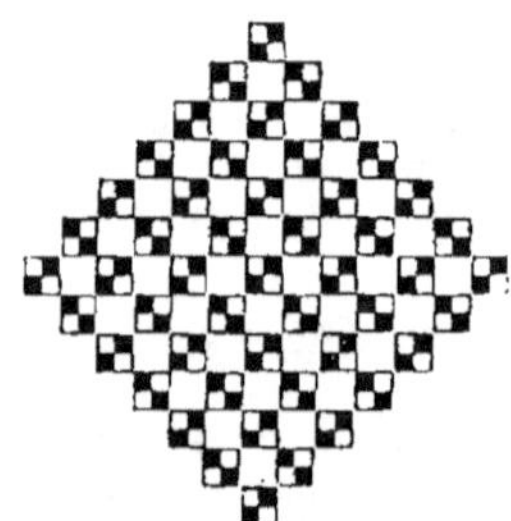

## N° 5.

# De notre Vie, bénis tous les instants.

CANTIQUE A UNE VOIX ET REFRAIN.

*Chœur à trois voix.*

Ornons de fleurs notre blanche bannière,
  Réunissons et la rose et le lis,
Brûlons l'encens : la fête de la mère
  Doit être unie à la fête du fils.

*Refrain en chœur.*

Vierge chérie
De tes enfants,
De notre vie
Bénis tous les instants.                    (*Bis.*)

Honneur et gloire au saint nom de Marie.
Ce nom suffit à toutes les douleurs ;
Avec le ciel il nous réconcilie,
Et de l'orage il calme les fureurs.

*Refrain en chœur.*

Vierge chérie, etc.

Flotte sur nous, éclatante bannière,
Conduis au ciel le cœur que tu défends ;
Nous te suivons ; l'image d'une mère
Saura toujours attirer ses enfants.

*Refrain en chœur.*

Vierge chérie, etc.

. . . . . . . . . . . . . . . . . . . .
. . . . . . . . . . . . . . . . . . . .

Mère du Christ que le ciel glorifie,
De notre cœur garde la pureté;
La fleur des champs ne sera point flétrie,
L'aquilon fuit à ton nom redouté.

*Refrain en chœur.*

Vierge chérie, etc.

Plaisirs mondains, la pompe de vos fêtes
Près de Marie a perdu sa splendeur;
Dans votre sein vous portez des tempêtes,
Près de Marie on trouve le bonheur.

*Refrain en chœur.*

Vierge chérie, etc.

Viens, ô Marie! à notre heure dernière,
Et dans le ciel nous serons triomphants;
Le Rédempteur, à la voix de la mère,
Auprès de lui recevra les enfants.

*Refrain en chœur.*

Vierge chérie
De tes enfants,
De notre vie
Bénis tous les instants.                    (*Bis.*)

Accomm. par l'abbé A. L. B.

## N° 6.

# Maternité Divine.

CANTIQUE A TROIS VOIX, AVEC REFRAIN.

Pécheurs, de sa juste colère,
Dieu brise les traits redoutés ;
Le ciel s'entrouvre, et sur la terre
Brille le jour de ses bontés.

*Refrain.*

Le Verbe, égal à Dieu son père,
Descend des parvis éternels ;
Il veut, au milieu des mortels,
Il veut se choisir une mère.

L'enfer, dans sa rage coupable,
Nous menace de son courroux ;
Notre faiblesse, ô Vierge aimable !
Trouvera son salut en vous.

*Refrain.*

Le Verbe, égal, etc.

Enfants coupables ! ô Marie !
Ah ! sans vous nous étions perdus ;
Vous nous avez rendu la vie
En donnant naissance à Jésus.

*Refrain.*

Le Verbe, égal, etc.

Mais si du ciel vous êtes reine,
Si vous régnez près du Sauveur ;
A nous, auguste souveraine !
Vous devez un si grand honneur.

*Refrain.*

Le Verbe, égal, etc.

Ah ! dans l'éclat de votre gloire,
Mère ! ne nous oubliez pas ;
Rémettez en votre mémoire
Tous les maux qu'on-souffre ici-bas.

*Refrain.*

Le Verbe, égal à Dieu son père,
Descend des parvis éternels ;
Il veut, au milieu des mortels,
Il veut se choisir une mère.

Par l'abbé A. L. B.

## N° 7.

# Marie Refuge des Pécheurs.

CANTIQUE A UNE ET DEUX VOIX.

Vous qui du monde dégoûtés,
Désenchantés de ses promesses vaines,
Ne traînez plus qu'en gémissant les chaines
De vos tristes iniquités.
Ah ! brisez-les, mon cœur vous en supplie,
Arrachez-vous à de fausses douceurs,
   Jetez-vous aux pieds de Marie,
   C'est le refuge des pécheurs.       ( *Bis.* )

Le mépris de tous ses bienfaits
A du Seigneur lassé la patience,
Il bande l'arc, et sa juste vengeance
Sur nous va décocher ses traits.
Mais, sur nos maux, sa clémence attendrie,
Lente à punir, crie au fond de nos cœurs :
   Pauvre enfant, fuis près de Marie !
   C'est le refuge des pécheurs.       ( *Bis.* )

Courez implorer ses faveurs,
Sa main déjà s'ouvre pour les répandre ;
Son cœur aimant souffre de vous attendre,
Il brûle de sécher vos pleurs.
Par le remords, âme long-temps flétrie,
Du repentir essayez les douceurs,
   Ah ! courez, courez vers Marie !
   C'est le refuge des pécheurs.       ( *Bis.* )

Vous frémissez de vos excès ;
Mais sa bonté ne rebute personne ;
A son autel que la foule environne,
Tous les malheureux ont accès.
Le criminel qui pleure et qui la prie,
A-t-il près d'elle éprouvé des rigueurs ?
   Ah ! si vous connaissiez Marie !
   C'est le refuge des pécheurs.       ( *Bis.* )

Je veux, sous l'aile du Seigneur,
De la vertu suivre l'étroite voie ;
Toujours puissé-je y courir avec joie ;
Elle seule mène au bonheur.
Mais quelque jour, sur les pas de l'impie,
Si je m'égare en des sentiers trompeurs,
Je me souviendrai que Marie
Est le refuge des pécheurs.　　　　( *Bis.* )

Quand, sur le lit de ma douleur,
Le noir enfer, pour troubler mon courage,
Devant mes yeux retracera l'image
Des égarements de mon cœur,
Viens à mon aide, ô ma mère chérie,
De ton enfant rassure les terreurs ;
Ouvre-moi ton cœur, ô Marie !
C'est le refuge des pécheurs.　　　　( *Bis.* )

## N° 8.

# Les Saints Noms de Jésus et de Marie.

CANTIQUE EN CHOEUR A TROIS VOIX.

Il est deux noms chers à mon cœur ;
Deux noms d'éternelle espérance,
Qui consolent dans la souffrance
Et soutiennent dans le malheur ;
Deux noms que dès l'enfance une mère chérie
Aussitôt que le sien m'apprit à bégayer,
Auxquels cieux, terre, enfer, tout doit s'agenouiller !
    Les noms de Jésus, de Marie.     (*Quater.*)

Je grandissais, et chaque jour
En répétant ces noms aimables,
Par des délices ineffables,
Je sentais croître mon amour.
Oh ! quel ravissement pour mon âme attendrie,
Quand, chaque jour de fête, au pied du saint autel,
Mes hymnes les plus doux faisaient monter au ciel
    Les noms de Jésus, de Marie.     (*Quater.*)

Pour moi du douzième printemps
Déjà la fleur allait éclore,
Celui que l'univers adore
Se donnait aux petits enfants.
A la table d'un Dieu mon âme fut nourrie,
De son corps, de son sang, de sa divinité,
Que de fois en ce jour mon cœur a répété
    Les noms de Jésus, de Marie.     (*Quater.*)

Contre moi dans l'âge orageux,
Ainsi qu'un Océan qui gronde,
Des passions la tourbe immonde
Pousse ses flots tumultueux.
Je tremble de céder aux coups de leur furie
Comme l'herbe qui cède à l'effort du torrent ;
Mais j'oppose pour digue à leur entraînement
    Les noms de Jésus, de Marie.     (*Quater.*)

. . . . . . . . . . . . . . .
. . . . . . . . . . . . . .

Enfin de mes jours douloureux
Quand la coupe sera tarie,
Loin de l'exil, vers la patrie,
Quand je prendrai mon vol aux cieux;
Au souffle de la mort que ma lèvre flétrie
Avant de se glacer, répète avec transport,
Pour adieux au rivage et pour salut au port
Les noms de Jésus, de Marie.          (Quater.)

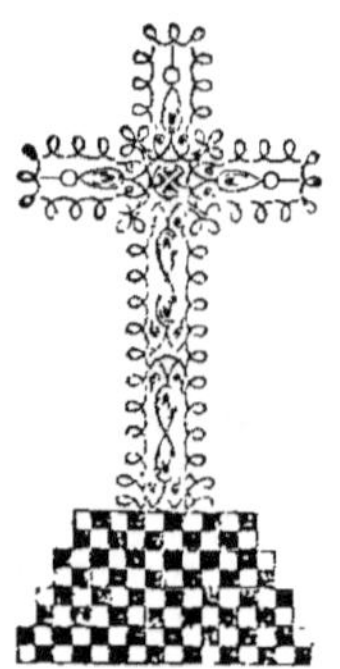

## N° 9.

# La Salutation Angélique.

CANTIQUE EN CHOEUR A TROIS VOIX, AVEC REFRAIN.

Vous que le Très-Haut a remplie
De ses dons les plus précieux,
Vous qui par sa grâce embellie
Seule avez su plaire à ses yeux.

*Refrain.*

Nous vous saluons, ô Marie!
Le Seigneur habite avec vous ;
Fille, épouse et mère chérie,
Il n'a point de temple plus doux.  ( *Bis.* )

Que votre nom, Vierge féconde,
Soit les délices de nos cœurs ;
A jamais béni dans le monde,
Qu'il soit partout comblé d'honneurs.

*Refrain.*

Nous vous saluons, etc.

Vous qu'un Dieu pour mère a choisie,
Dans ce lieu de tristes douleurs,
O douce, ô clémente Marie!
Priez pour nous pauvres pécheurs.

*Refrain.*

Nous vous saluons , etc.

Surtout à notre heure dernière,
Lorsque les ombres du trépas
Descendront sur notre paupière,
Mère, ne nous délaissez pas.

*Refrain.*

Nous vous saluons, etc.

Près de notre lit funéraire
Accourez nous fermer les yeux,
Et qu'au terme de la carrière
Votre main nous ouvre les cieux.

*Refrain.*

Nous vous saluons, ô Marie!
Le Seigneur habite avec vous;
Fille, épouse et mère chérie,
Il n'a point de temple plus doux.     (*Bis.*)

Arrangé par l'abbé A. L. B.

## N° 10.

# Marie, la plus grande des créatures.

CANTIQUE EN SOLO ET CHŒUR A TROIS VOIX.

Tandis que d'aveugles mortels,
Jouets de mille erreurs profondes,
Brûlent l'encens sur les autels
De leurs divinités immondes,
Ton nom, tes vertus, ta grandeur,
Marie, ô notre auguste mère,

*Chœur.*

Font la gloire, font le bonheur
De tes chers enfants sur la terre.   } *Bis.*

Au sein de l'éternel séjour
Tout retentit de tes louanges;
Ton nom seul, ô mère d'amour,
D'allégresse ravit les anges;
Dans les cieux, la félicité
Est de jouir de ta présence,

*Chœur.*

Et la suprême dignité
De rendre hommage à ta puissance.   } *Bis.*

Du sein de la divinité
Tu vois nos dangers, nos alarmes;
Ton immense félicité
Te fait-elle oublier nos larmes?
Vierge sainte, conduis au port
De nos cœurs la barque fragile,

*Chœur.*

Et qu'entre tes bras à la mort
Nous trouvions un heureux asile,   } *Bis.*

Nos soupirs, nos tristes accents
Ont retenti jusqu'à ton trône ;
Souffriras-tu qu'en tes enfants
Satan insulte ta personne ?
Il est temps de rompre nos fers,
Nos maux réclament ta vengeance.

*Chœur.*

Que l'affreux tyran des enfers
Tombe écrasé sous ta puissance.        } *Bis.*

Oh ! quand luira cet heureux jour
Où mon âme brisant sa chaîne,
Pourra dans la céleste cour
Te voir, te chérir, ô ma reine !
C'est là qu'à jamais ta beauté
Me transportera d'allégresse ;

*Chœur.*

C'est là, c'est là que ta bonté
Fera mon éternelle ivresse.        } *Bis.*

Accomm. par l'abbé A. L. B.

# Nº 11.

## Sois nos amours, toujours.

CANTIQUE A UNE VOIX ET REFRAIN EN CHOEUR A TROIS
VOIX.

*Solo.*

A toi nos hommages
Qui d'un bras vainqueur,
Chasses les nuages
Qui font le malheur.
Par toi les tempêtes
Epargnent nos têtes,
  Toujours, toujours.

*Refrain en chœur.*

Bonne Marie,
Mère chérie,
Sois nos amours,
Toujours, toujours.   }    *Bis.*

La tendre innocence
Est le premier bien ;
De notre inconstance
Fais-toi le soutien.
Vierge tout aimable
Sois-nous secourable,
  Toujours, toujours.

*Refrain en chœur.*

Bonne Marie, etc.

Que notre misère
Trouve son secours
En toi, bonne mère !
Reçois notre amour,
Et daigne sans cesse
Aider la faiblesse,
  Toujours, toujours.

*Refrain en chœur.*

Bonne Marie, etc.

Sois notre espérance
Au dernier instant ,
Et fais l'assurance
De ton faible enfant.
Sois toujours ma mère
A l'heure dernière ,
   Toujours, toujours.

*Refrain en chœur.*

Bonne Marie ,
Mère chérie ,
Sois nos amours ,   }  *Bis.*
Toujours, toujours.

Par l'abbé A. L. B.

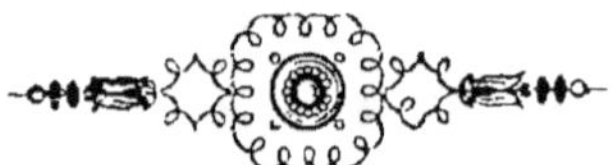

## Nº 12.

# Vierge des Vierges.

CANTIQUE EN CHŒUR A TROIS VOIX.

Comme au milieu de nos riants parterres,
Eblouissant d'éclat et de fraîcheur,
Un jeune lis au-dessus de ses frères
Lève son front couronné de blancheur ;
Telle au milieu des vierges les plus pures
   Brille aux yeux jaloux du Seigneur,
   La plus belle des créatures,
   L'auguste mère du Sauveur.

Honneur à toi, des Vierges la plus belle,
Qui du Très-Haut as mérité le choix !
Du peuple saint la mère et le modèle,
Nous accourons nous ranger sous tes lois ;
Te bien aimer est notre unique envie ;
   A ton service, et sous tes yeux,
   Que tous nos cœurs en cette vie
   Soient toujours bons et vertueux.

Vierge, reçois cette blanche couronne
Qu'à ton autel nous venons déposer,
Que tous nos vœux montent jusqu'à ton trône
Avec l'encens qui vient de s'embrâser.
Sois près de Dieu toujours notre espérance ;
   Garde-nous d'un monde trompeur ;
   De notre fragile innocence
   Sous ton aile abrite la fleur.

                Accomm. par l'abbé A. L. B.

# N° 13.

# Marie est avec moi.

## CANTIQUE A TROIS VOIX ÉGALES.

Le monde en vain, par ses biens et ses charmes,
Veut m'engager à plier sous sa loi,
Mais pour me vaincre il faut bien d'autres armes;
Je ne crains rien, Marie est avec moi.　　(*Bis.*)

Venez, venez, fiers enfants de la terre,
Déchaînez-vous pour me remplir d'effroi.
Quand de concert vous me feriez la guerre,
Je ne crains rien, Marie est avec moi.　　(*Bis.*)

Cruel satan, arme-toi de ta rage,
Que tes démons se liguent avec toi,
Tu ne pourras abattre mon courage,
Je ne crains rien, Marie est avec moi.　　(*Bis.*)

Non, non jamais, la mort la plus cruelle,
Ne me fera de Dieu trahir la loi,
Jusqu'au trépas je resterai fidèle;
Je ne crains rien, Marie est avec moi.　　(*Bis.*)

Après Jésus, mon unique espérance,
Vous pouvez tout ; Marie, et je le crois;
Augmentez donc pour vous ma confiance,
Je ne crains rien, Marie est avec moi.　　(*Bis.*)

Cantique de *Saint-Sulpice*, accommodé
par l'abbé A. L. B.

## Nº 14.

# Marie, Etoile de la Mer.

CANTIQUE A DEUX VOIX AVEC REFRAIN EN CHOEUR A TROIS
VOIX.

Quand la barque légère
Fend gaîment l'onde amère,
Le nautonier s'endort ;          (*Bis.*)
Et quand elle est heurtée
Par la brise irritée,
Il entrevoit la mort.          (*Ter.*)

*Refrain en chœur.*

Chantons, chantons !
Cette vierge immortelle,
L'appui des matelots ;
Que notre voix se mêle
Au murmure des flots.          (*Quater.*)

Parfois aussi la vie,
Par nuls chagrins aigrie,
Gaîment conduit au port ;          (*Bis.*)
Plus souvent la tempête
Gronde sur notre tète,
Attriste notre sort.   (*ter.*)

*Refrain en chœur.*

Chantons, etc.

Adressons à Marie,
Dans les maux de la vie,
Les soupirs de nos cœurs ;          (*Bis.*)
Son oreille attentive
A notre voix plaintive,
Ecoutera nos vœux.          (*Ter.*)

*Refrain en chœur.*

Chantons, etc.

De la voûte azurée,
Où tu fus proclamée,
Etoile de la mer !                    ( *Bis.* )
Ah ! dirige en sa route
Ton enfant qui redoute
Le gouffre de l'enfer.                ( *Ter.* )


*Refrain en chœur.*


Chantons, chantons !
Cette vierge immortelle,
L'appui des matelots ;
Que notre voix se mêle
Au murmure des flots.        ( *Quater.* )


Par l'abbé A. L. B.

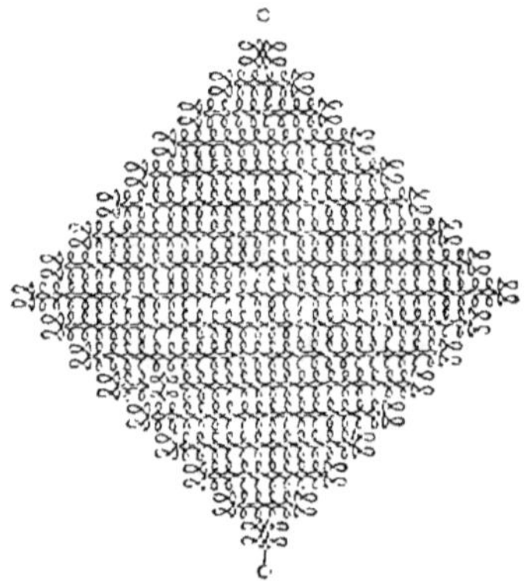

## N° 15.

# Prenez soin de mes jours.

CANTIQUE A TROIS VOIX EN CHOEUR ET SOLO.

*Refrain.*

Que mon âme ravie
Célèbre de Marie
La honté si chérie
De notre cœur.

*Solo.*

Soyez mon espérance,
Marie ! et mon secours,
Servez-moi de défense,
Prenez soin de mes jours.

*Refrain.*

Que mon âme ravie, etc.

Sainte vierge Marie,
Asile des pécheurs,
Prenez part, je vous prie,
A mes justes frayeurs.

*Refrain.*

Que mon âme ravie, etc.

A votre bienveillance,
O vierge, j'ai recours ;
Soyez mon assistance
En tous lieux et toujours.

*Refrain.*

Que mon âme ravie, etc.

Vous êtes mon refuge,
Votre fils est mon roi ;
Quand il sera mon juge,
Intercédez pour moi.

*Refrain.*

Que mon âme ravie, etc.

Ah ! soyez-moi propice
Quand il faudra mourir :
Apaisez sa justice,
Je crains de la subir.

*Refrain.*

Que mon âme ravie
Célèbre de Marie
La bonté si chérie
De notre cœur.

Accomm. par l'abbé A. L. B.

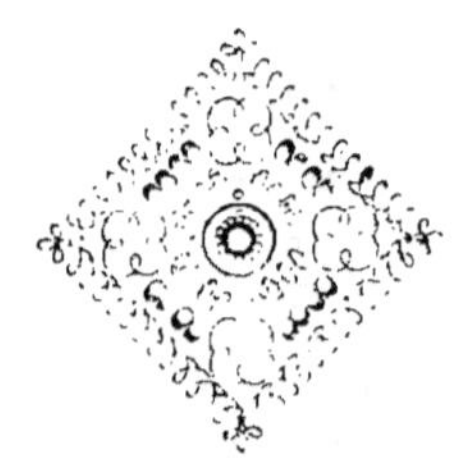

## N° 16.

# Grandeurs du cœur de Marie.

CANTIQUE A TROIS VOIX ÉGALES.

Heureux qui du cœur de Marie
Connaît, honore les grandeurs,
Et qui sans crainte se confie
En ses maternelles faveurs !
Après le cœur du divin maître,
A qui seul est dû tout encens,
Fut-il jamais et peut-il être
Un cœur plus digne de nos chants ?  } *Bis.*

Les cieux se trouvent sans parure,
Auprès des traits de sa beauté,
Et l'astre roi de la nature,
Près d'elle a perdu sa clarté ;
Cours au temple, ô fille chérie,
Offrir ton cœur à l'Eternel,
Jamais plus agréable hostie,
Ne fut portée à son autel.  } *Bis.*

C'est là que ce cœur si docile,
Soumis aux éternels desseins,
Se forme à devenir l'asile
Et le séjour du saint des saints.
Oh ! de quels charmes fut suivie,
De quels transports, de quelle ardeur,
L'union du cœur de Marie,
Avec celui du Dieu sauveur !  } *Bis.*

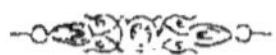

O cœur de la plus tendre mère,
Cœur plein de grâce et de bonté,
Vous sur qui dans notre misère,
Notre espoir a toujours compté,

2.

Daignez être notre refuge
Et notre appui dans tous les temps ,
Surtout auprès de notre juge ,
Dans le dernier de nos instants.          } *Bis*.

Hâtez-vous d'offrir à son trône ,
Saints anges vos tributs d'honneur,
Chantez du Dieu qui la couronne ,
Les dons, la bonté, la faveur.
Et nous , fils d'un père coupable,
Ici bas condamnés aux pleurs,
Cherchons , dans ce cœur secourable,
Un abri contre nos malheurs.          } *Bis*.

## N° 17.

# Je te donne mon Cœur.

CANTIQUE A TROIS VOIX AVEC REFRAIN.

Mère de Dieu quelle magnificence
Orne aujourd'hui cet aimable séjour
C'est en ce lieu, qu'à tes pieds mon enfance,
Vient constamment te vouer son amour.

*Refrain.*

Tendre Marie !
O mon bonheur !
Toute ma vie,
Je te donne mon cœur,          } *Bis.*
Toujours ! toujours !

Sois mon refuge ! ô Marie ! ô ma mère !
Répands sur moi tes précieux bienfaits ;
Auprès de toi, dans ce doux sanctuaire,
Je me console et retrouve la paix !

*Refrain.*

Tendre Marie, etc.

Mille combats tourmentent l'innocence
Mais vains efforts, en toi nous espérons,
D'un bras puissant, tu soutiens ma constance,
Et tu confonds la rage des démons.

*Refrain.*

Tendre Marie, etc.

Ah ! si jamais je devenais parjure
Sans nul espoir, me faudrait-il périr ?
Non !... Dans ton sein pour laver mon injure,
Je verserais les pleurs du repentir.

*Refrain.*

Tendre Marie !
O mon bonheur !
Toute ma vie,
Je te donne mon cœur,          } *Bis.*
Toujours ! toujours !

Par l'abbé A. L. B.

## N° 18.

# Consécration à Marie.

CANTIQUE A UNE VOIX ET REFRAIN EN CHOEUR
A TROIX VOIX.

Vous en êtes témoins, anges du sanctuaire,
De la mère de Dieu nous sommes les enfants,
C'en est fait et Marie a reçu nos serments ;
Honneur, respect, amour à notre auguste mère! (*Bis.*)

*Refrain en chœur.*

Nous l'avons tous juré, nous sommes ses enfants ;
L'aimer est de nos cœurs le vœu le plus sincère,
Et les cieux mille fois redisant nos serments,
Comme nous mille fois béniront notre mère.     (*Bis.*)

De puissants ennemis nous déclarent la guerre ;
Je sens mon cœur frémir à l'aspect des combats.
Soutiens-nous, ô Marie ! A nos débiles bras
Daigne ajouter l'appui de ton bras tutélaire.     (*Bis.*)

*Refrain en chœur.*

Nous l'avons tous juré, etc.

Si, pour nous enchaîner, des faux biens de la vie
Le monde offre à nos yeux les attraits imposteurs,
Disons-lui, repoussant ses funestes douceurs,
Mon cœur n'est plus à moi, mon cœur est à Marie. (*Bis.*)

*Refrain en chœur.*

Nous l'avons tous juré, etc.

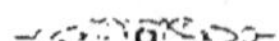

L'enfer peut de sa rage exciter la tempête,
Le dragon orgueilleux peut frémir de courroux ;
L'invincible Marie a triomphé pour nous,
Pour nous du vieux serpent elle a brisé la tête.   (*Bis.*)

*Refrain en chœur.*

Nous l'avons tous juré, etc.

Ainsi toujours vainqueurs si son bras nous seconde,
Et chargés de lauriers dès nos plus jeunes ans,
Toujours nous foulerons sous nos pieds triomphants
Les pompes de Satan, les vains plaisirs du monde. (*Bis.*)

*Refrain en chœur.*

Nous l'avons tous juré, nous sommes ses enfants ;
L'aimer est de nos cœurs le vœu le plus sincère,
Et les cieux mille fois redisant nos serments,
Comme nous mille fois béniront notre mère.       (*Bis.*)

*Extrait d'un recueil de* Cantiques du
diocèse de Rouen.

## N° 19.

# Confiance en Marie.

CANTIQUE A TROIS VOIX EN CHOEUR AVEC REFRAIN.

Douce Marie
Vierge accomplie
Toujours chérie
De notre cœur ;
La tendre enfance
Dans ta puissance
Voit l'espérance
Du vrai bonheur.

*Refrain.*

A ton image
Vois le jeune âge
Offrir le gage
De son amour.
Tout sur la terre
Chante et révère
La Vierge mère
En ce beau jour.

Dans ta clémence
Prends la défense
De l'innocence
De tes enfants.
Pleins d'allégresse
Pour la tendresse
Ils sont sans cesse
Reconnaissants.

*Refrain.*

A ton image, etc.

Notre jeunesse
Dans la détresse
Vite se presse
Auprès de toi :

Ta bonté sainte
Entend sa plainte
Bannis sa crainte
Soutiens sa foi.

*Refrain.*

A ton image
Vois le jeune âge
Offrir le gage
De son amour.
Tout sur la terre
Chante et révère
La Vierge mère
En ce beau jour.

*Finale.*

A ton image
Vois le jeune âge
Offrir le gage
De son amour.
Tout sur la terre
Chante et révère
La Vierge mère
En ce beau jour.   (*Quater.*)

Par l'abbé A. L. B.

## N° 20.

# Marie! est-il un nom plus doux?

### CANTIQUE A DEUX VOIX EN CHOEUR.

Trônes, Vertus, chœur des Archanges,
Qui, dans vos chants harmonieux,
Faites d'éternelles louanges
Retentir les voûtes des cieux.
Quel nom votre harpe inspirée
Laisse arriver jusques à nous,
C'est le vôtre, ô Vierge sacrée,
      Marie!
Marie! est-il un nom plus doux?     ( *Bis.* )

. . . . . . . . . . . .
. . . . . . . . . . . .

Marie est l'espoir de la terre,
Comme des cieux elle est l'amour.
Toujours empressés à lui plaire,
Anges qui composez sa cour,
Si Marie, à vos cœurs est chère,
Elle nous l'est bien plus qu'à vous;
C'est votre reine...., et notre mère...
      Marie!
Marie! est-il un nòm plus doux?     ( *Bis.* )

Dans les transports de l'allégresse,
C'est à nous de nous réjouir;
Anges, jamais à sa tendresse
Vous n'avez goûté de soupirs.
Sur l'autel sanglant du calvaire,
Elle immola Jésus pour nous:
Quel titre pour nous être chère!
      Marie!
Marie! est-il un nom plus doux?     ( *Bis.* )

O mère tendrement chérie,
Veillez sur nous du haut des cieux,
Hâtez nos pas vers la patrie
Où nous tendons de tous nos vœux,
Quel jour pourrons-nous, oh! saints anges,
Près d'elle réunis à vous,
Redire en chœur dans nos louanges:
                    Marie!
Marie! est-il un nom plus doux?          (*Bis.*)

Arrangé par l'abbé A. L. B.

## N° 21.

# Sur toutes nos misères, daigne fixer tes yeux.

CANTIQUE EN CHOEUR A TROIS VOIX ET SOLO.

*Refrain en chœur.*

Sur toutes nos misères,
Daigne fixer tes yeux,
Exauce nos prières,
Et mène-nous aux cieux.

*Solo.*

Du milieu de nos larmes
Nous élevons nos mains,
Mère pleine de charmes,
Ah! calme nos alarmes,
Console les humains.

*Refrain en chœur.*

Sur toutes nos misères, etc.

Quand Dieu, dans sa colère,
Répand sur nous les maux,
C'est vers toi, bonne mère,
Que monte la prière
Qui donne le repos.

*Refrain en chœur.*

Sur toutes nos misères, etc.

Du Très-Haut, ta puissance
Enchaîne le courroux,
Tu nous sers de défense!
Et toujours ta clémence
Arrête tous ses coups.

*Refrain en chœur.*

Sur toutes nos misères,
Daigne fixer tes yeux,
Exauce nos prières
Et mène-nous aux cieux.

Par l'abbé A. L. B.

## N° 22.

# Gloire de la Maternité divine.

CANTIQUE A TROIS VOIX ÉGALES.

A la reine des cieux offrons un tendre hommage,
Réunissons pour elle et nos voix et nos cœurs.    (*Bis.*)
     A chanter ses grandeurs
     Consacrons la fleur de notre âge.

A la reine des cieux, etc.

     Heureux celui qui dès l'enfance,
     Lui fait de soi-même le don,
        Et met son innocence
        A l'abri de son nom.

A la reine des cieux, etc.

Aux yeux du Tout Puissant elle fut toujours pure :
Chantons sur le péché son triomphe éclatant.     (*Bis.*)
     Son cœur même un instant,
     Ne reçut jamais de souillure !

Aux yeux, etc.

     Plus sainte que les cœurs des anges,
     Des trônes et des chérubins,
        Elle a droit aux louanges
        Des mortels et des saints.

Aux yeux, etc.

Elle est et notre reine, et notre tendre mère,
Vivons sous son empire, annonçons ses bienfaits. (*Bis.*)
     On n'est trompé jamais
     Lorsqu'en sa bonté l'on espère.

Elle est, etc.

Toujours sa tendresse facile
Se rend sensible à nos malheurs.
  Elle est toujours l'asile
  Et l'espoir des pécheurs.

Elle est, etc.

O vierge toujours sainte ! ô mère toujours tendre !
Soyez, soyez propice aux vœux de vos enfants.   (*Bis.*)
    Que sur nos jeunes ans
  Vos faveurs viennent se répandre !

O vierge, etc.

  De votre bonté salutaire,
  Daignez nous prêter les secours ;
    Montrez-vous notre mère
    Dans l'enfance et toujours.

O vierge toujours sainte ! ô mère toujours tendre !
Soyez, soyez propice aux vœux de vos enfants.   (*Bis.*)

Extrait des *Cantiques de Saint-Sulpice.*

## N° 23.

# Consécration à Marie.

CANTIQUE EN CHOEUR A TROIS VOIX ÉGALES.

En ce mois j'offrirai mes louanges
A Marie, à la reine des cieux.
M'unissant au doux concert des anges, }
Je m'engage à la chanter comme eux. } **Bis.**

—✦✧✦—

Sur vos pas, ô divine Marie,
Plus heureux qu'à la suite des rois,
Dès ce jour, et pour toute ma vie, }
Je m'engage à vivre sous vos lois. } **Bis.**

—✦✧✦—

Si du monde écoutant le langage,
Des plaisirs j'ai suivi les attraits,
Je me donne à vous; et sans partage }
Je m'engage aujourd'hui pour jamais } **Bis.**

—✦✧✦—

Par un culte et fidèle et sincère,
Par un vif et généreux amour,
A servir à chérir une mère, }
Je m'engage aujourd'hui sans retour, } **Bis.**

—✦✧✦—

Mère tendre et si compatissante,
Soutenez au milieu des combats
Les efforts d'une âme chancelante }
Qui s'engage à marcher sur vos pas. } **Bis.**

Unissez vos voix, peuple fidèle,
Aux accords des esprits bienheureux,
Pour chanter les louanges de celle
Qui s'engage à combler tous nos vœux.   } *bis.*

Accomm. par l'abbé A. L. B.

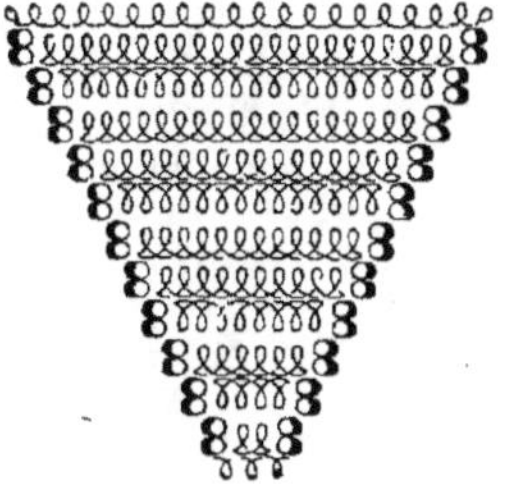

## N° 24.

# Nous sommes ses Enfants.

CANTIQUE A TROIS VOIX, EN CHOEUR.

Sion, de ta mélodie,
Cesse les divins accords;
Laisse-nous, près de Marie,
Faire éclater nos transports :
La reine que tu révères,
Le digne objet de tes chants,
Apprends qu'elle est notre mère,     } *Bis.*
Et fais place à ses enfants.

Mais comment, de cette enceinte,
Percer la voûte des cieux !
Descends plutôt, Vierge sainte,
Et viens régner en ces lieux;
Viens, d'un exil trop sévère,
Adoucir tous les tourments;
Ta présence, auguste mère,     } *Bis.*
Sera chère à tes enfants.

Pour toi, nous sentons nos âmes
Brûler, en ce divin jour,
Des plus innocentes flammes,
Du plus généreux amour.
Ah ! puissions-nous, à te plaire,
Consacrer tous nos instants,
Et prouver à notre mère     } *Bis.*
Que nous sommes ses enfants.

Sur tes autels, ô Marie !
Tous, d'une commune voix,
Nous jurons, toute la vie,
D'être soumis à tes lois.
De notre hommage sincère,
Puissent ces faibles garants,
Flatter notre tendre mère,     } *Bis.*
C'est le vœu de ses enfants.

Extrait des *Cantiques de Saint-Sulpice.*

## N° 25.

# Marie invite le pécheur à retourner à elle.

CANTIQUE EN CHOEUR A TROIS VOIX ÉGALES.

Reine des cieux, ô divine Marie !
Qu'il nous est doux de chanter vos faveurs !
Heureux celui qui consacre sa vie
A vous bénir, à vous gagner des cœurs !      (*Bis.*)

Que de bienfaits, que de grâces touchantes
Vous répandez sur vos enfants chéris !
Tous sont aimés ; les âmes repentantes,
Vous les nommez vos fidèles amis.

Juste bénis ta bienfaisante mère,
Qui t'embellit de toutes les vertus,
Qui t'inspira le désir de lui plaire,
Et te guida dans l'amour de Jésus !

. . . . . . . . . . . . . .
. . . . . . . . . . . . . .

Et toi, pécheur, trop coupable victime
Hélas ! plongé dans mille égarements,
Qui te retint sur le bord de l'abîme,
Qui différa du ciel les châtiments ?


. . . . . . . . . . . . . .
. . . . . . . . . . . . . .

3

Vole en ses bras, elle est encor ta mère :
Prête l'oreille à ses tristes accents :
Fils bien-aimé, de ta douleur amère
Viens dans mon sein calmer les mouvements.

. . . . . . . . . . . . .
. . . . . . . . . . . . .

Tendre Marie ! à mon âme rebelle,
Quand vous offrez une telle bonté,
Pourrais-je encore demeurer infidèle ?...
Ah ! je reviens au Dieu que j'ai quitté.

Il en est temps, aimable protectrice !
Ouvrez pour moi ce cœur si plein d'amour :
De votre fils apaisez la justice ;
Je me consacre à Jésus sans retour.

Extrait des *Cantiques de Saint-Sulpice.*

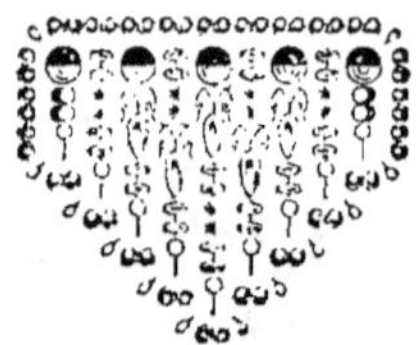

## N° 26.

# Imitation du SALVE REGINA.

CANTIQUE EN CHOEUR A TROIS VOIX ÉGALES.

Je vous salue, auguste et sainte reine,
Dont la beauté ravit les immortels !          (*Bis.*)
Mère de grâce, auguste souveraine,
Je me prosterne au pied de vos autels.          (*Bis.*)

Je vous salue, ô divine Marie !
Vous méritez l'hommage de nos cœurs ;          (*Bis.*)
Après Jésus vous êtes et la vie,
Et le refuge, et l'espoir des pécheurs.          (*Bis.*)

Fils malheureux d'une coupable mère,
Bannis du ciel, les yeux baignés de pleurs,          (*Bis.*)
Nous vous faisons de ce lieu de misère,
Par nos soupirs entendre nos douleurs.          (*Bis.*)

Ecoutez-nous, puissante protectrice ;
Tournez sur nous vos yeux compatissants,          (*Bis.*)
Et montrez-nous qu'à nos malheurs propice,
Du haut des cieux vous aimez vos enfants.          (*Bis.*)

O douce, ô tendre, ô pieuse Marie !
Vous dont Jésus, mon Dieu, reçut le jour,          (*Bis.*)
Faites qu'après l'exil de cette vie,
Nous le voyions dans l'éternel séjour.          (*Bis.*)

Extrait des *Cantiques de Saint-Sulpice.*

## N° 27.

# Adopte-nous ici pour tes enfants.

CANTIQUE EN CHOEUR A TROIS VOIX ÉGALES.

A ton autel incomparable reine,
Nous accourons offrir nos jeunes ans ;
Sois de nos cœurs l'unique souveraine ,
Adopte-nous ici pour tes enfants.     (*Bis.*)

Oui, nous voulons, ô divine Marie ,
Nous consacrer à ton culte en ce jour ;
Reçois nos vœux , nos cœurs et notre vie ;
Oui nous voulons être à toi sans retour.     (*Bis.*)

L'astre du soir de sa faible lumière ,
Guide les pas du tremblant voyageur ;
Pour nous sauver la plus sensible mère ,
Toujours vers nous tend un bras protecteur. (*Bis.*

Sans son appui, dans ce lieu de misère ,
Nous ne pouvons que tomber et périr ;
Mais elle voit notre douleur amère ,
Nous gémissons et son cœur va s'ouvrir.     (*Bis.*)

Ah ! dans ce cœur courons cacher nos larmes ,
C'est le séjour de la paix , du bonheur ;
Heureux qui peut en connaître les charmes ,
Heureux qui peut en goûter la douceur !     (*Bis.*)

Que ton autel soit notre unique asile ,
Jusqu'au trépas sois y notre secours!
Nous l'espérons et notre cœur tranquille
En se glaçant t'invoquera toujours.     (*Bis.*)

## N° 28.

# Fidélité à Marie.

CANTIQUE EN CHOEUR A TROIS VOIX.

Vierge Marie,
Daigne sourire à tes enfants ;
Mère chérie,
Reçois leurs chants.
Ah ! nous te consacrons les jours de notre vie ;
Daigne en bénir tous les instants,
Daigne en bénir tous les instants,
Et d'âge en âge,
Pour toi nos vœux toujours constants
Seront le gage
De nos serments.     (*Bis.*)


(*On répète trois fois.*)


De nos serments
De nos serments.     (*Bis.*)

## N° 29.

# Triomphe de Marie.

ANTIENNE EN SOLO ET CHOEUR EN REFRAIN A TROIS
VOIX.

*Solo.*

Regina cœli lætare,
Alleluia, alleluia, alleluia, alleluia.

*Chœur.*

Regina cœli lætare,
Alleluia, alleluia, alleluia, alleluia ;
Alleluia, alleluia, alleluia, alleluia ;
Alleluia, alleluia.    (*Fin.*)

*Solo.*

Quia quem meruisti portare,
Alleluia, alleluia.
Regina cœli lætare,
Alleluia, alleluia, alleluia, alleluia.

*Chœur.*

Regina cœli, etc. (*jusqu'au mot fin.*)

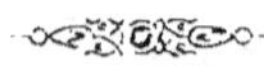

Resurrexit sicut dixit, alleluia,
Resurrexit sicut dixit, alleluia, alleluia.
Regina cœli lætare,
Alleluia, alleluia, alleluia, alleluia.

*Chœur.*

Regina cœli, etc. (*jusqu'au mot fin.*)

*A trois voix.*

**Ora pro nobis Deum,**      (*Bis.*)
**Alleluia, alleluia.**
**Regina cœli lætare,**
**Alleluia, alleluia, alleluia, alleluia.**

*Chœur*

**Regina cœli lætare,**
**Alleluia, alleluia, alleluia, alleluia;**
**Alleluia, alleluia, alleluia, alleluia;**
**Alleluia, alleluia.**      (*Fin.*)

## N° 30.

# Grandeurs de Marie.

CANTIQUE EN CHOEUR A QUATRE VOIX.

O mère chérie,
Du Dieu rédempteur,
Auguste Marie !
Quelle est ta grandeur !
L'univers admire
Tes divins attraits ;
Et de ton empire
Chante les bienfaits.

Dans la nuit profonde,
La nuit du péché,
On voyait le monde
Tristement plongé.
Mais à ta présence
Tout sort du tombeau,
La terre commence
Un âge nouveau.

A peine la vie
Coule dans ton sein,
Que déjà ravie
Du transport divin,
Ton âme céleste
Bénit son auteur,
Qui du trait funeste
Préserva ton cœur.

Que l'enfer murmure
Réclamant ses droits ;
Vierge sainte et pure,
Tu braves ses lois,

Poursuis ta conquête
Et rends-nous aux cieux
En brisant la tête
Du monstre odieux

Le ciel te couronne
De ses feux brillants.
Le soleil te donne
Ses traits éclatants.
Et dans ta victoire ,
L'astre de la nuit
Admirant ta gloire,
Sous tes pieds pâlit.

O vierge admirable,
L'ornement des cieux,
D'un cœur favorable
Ecoute nos vœux.
Douce protectrice
Dirige nos pas ;
Et sois-nous propice
Au jour du trépas.

5.

## N° 31.

# Marie est notre refuge.

CANTIQUE EN REFRAIN ET CHŒUR A TROIS VOIX.

*Refrain.*

Chantons de Marie en ce jour,
Chantons la tendresse et l'amour ;
    Célébrons sa clémence,        ***(Bis.)***
    Sa généreuse bienfaisance.    ***(Bis.)***
Venons, accourons, accourons en ces lieux ;
Vers elle adressons, adressons tous nos vœux.
    Venons, accourons en ces lieux ;
    Vers elle adressons tous nos vœux.

*Chœur.*

Vierge aimable, notre enfance
    Est à l'abri près de toi.
Sois toujours notre défense,
Daigne toujours veiller sur moi,
    Toujours veiller sur moi.    ***(Bis.)***
    O Marie !    ***(Ter.)***

*Refrain.*

Chantons, etc.

*Chœur.*

Si l'enfer, dans sa furie,
Etendait sa main sur moi,
Je pourrais, mère chérie,
Courir timidement vers toi,
    Timidement vers toi.    ***(Bis.)***
    O Marie !    ***(Ter.)***

*Refrain.*

Chantons, etc.

*Chœur.*

Ah ! dans ta grande tendresse,
Je trouverais près de toi
Un secours dans ma détresse ;
Ton bras saurait veiller sur moi,
   Saurait veiller sur moi.        (*Bis.*)
      O Marie !                (*Ter.*)

*Refrain.*

Chantons de Marie en ce jour,
Chantons la tendresse et l'amour ;
   Célébrons sa clémence,        (*Bis.*)
  Sa généreuse bienfaisance.     (*Bis.*)
Venons, accourons, accourons en ces lieux ;
Vers elle adressons, adressons tous nos vœux.
  Venons, accourons en ces lieux ;
  Vers elle adressons tous nos vœux.

Par l'abbé A. L. B.

## N° 32.

# Courons à Marie.

CANTIQUE EN REFRAIN EN CHŒUR, AVEC DUO.

*Refrain en chœur à trois voix.*

Nous avons recours
A ton secours,
Mère chérie !
O Vierge Marie !
Nous t'adressons tous nos vœux.
O Mère chérie !
O Vierge Marie !
Daigne écouter tous nos vœux.

(*Bis.*)

*Duo.*

Le monde sans cesse
Nous poursuit, nous presse
Par la fausse ivresse
De ses faux plaisirs.
Celui qui l'écoute,
Bien loin dans la route
Que son cœur redoute,
Suit tous ses désirs.

*Refrain.*
Nous avons recours, etc.

*Duo.*

Ta toute-puissance
Fait notre assurance
Et notre espérance
Dans nos jeunes ans.
Pleine de tendresse
Pour notre jeunesse,
Protège sans cesse
Tes plus chers enfants.

*Refrain.*
Nous avons recours, etc.

### Duo.

Ah ! toute la vie,
O Vierge chérie!
Notre âme ravie
Reçoit tes faveurs.
Offrons donc l'hommage
De notre jeune âge.
Près de ton image,
Déposons nos cœurs.

### Refrain.

Nous avons recours
A ton secours,
Mère chérie!
O Vierge Marie!
Nous t'adressons tous nos vœux.
O Mère chérie!          (Bis.)
O Vierge Marie!
Daigne écouter tous nos vœux.

Par l'abbé A. L. B.

## N° 33.

# Donne-moi tes Faveurs.

CANTIQUE A DEUX VOIX AVEC REFRAIN.

Quelle est touchante et pure!
Le lis qu'ont embelli  (*Bis.*)
Les mains de la nature,
Auprès d'elle est flétri.
   Auprès (*bis*) d'elle est flétri.

     *Refrain.*

C'est le temps où l'enfance
Veut chanter tes grandeurs ;
Ah ! reçois ma louange ;
Donne-moi tes faveurs.
  Aimons, chantons,
Aimons , chantons, fêtons.  (*Bis.*)
Tout chante tes grandeurs ;
Ah ! reçois ma louange ;
Donne-moi tes faveurs.

Les rayons de l'aurore ,
Les feux du plus beau jour,  (*Bis.*)
Sont bien moins purs encore
Que ceux de ton amour,
Que ceux (*bis*) de ton amour.

     *Refrain.*

C'est le temps, etc.

Les Anges à Marie
Consacrent leur amour ;  (*Bis.*)
A leur reine chérie
Ils vont faire la cour,
Ils vont (*bis*) faire la cour.

     *Refrain.*

C'est le temps, etc.

L'homme dans sa misère
La réclame, et les cieux   (*Bis.*)
Disputent à la terre
Un don si précieux,
Un don (*bis*) si précieux.

*Refrain.*

C'est le temps, etc.

Venez, auguste reine,
L'univers en suspens   (*Bis.*)
Attend sa souveraine ;
Venez à vos enfants,
Venez (*bis*) à vos enfants.

*Refrain.*

C'est le temps, etc.

Préparez leur victoire
Sur l'enfer en courroux ;
Qu'ils puissent dans la gloire
Régner auprès de vous,
Régner (*bis*) auprès de vous.

*Refrain.*

C'est le temps où l'enfance
Veut chanter tes grandeurs ;
Ah ! reçois ma louange ;
Donne-moi tes faveurs.
   Aimons, chantons,
Aimons, chantons, fêtons.   (*Bis.*)
Tout chante tes grandeurs ;
Ah ! reçois ma louange ;
Donne-moi tes faveurs.

Par l'abbé A. L. B.

## N° 34.

# Prière au Cœur de Marie.

CHOEUR A TROIS VOIX AVEC SOLO.

O cœur divin de notre auguste mère,
    Salut !
O toi qu'on honore en ce jour,
Daigne recevoir notre humble prière,
    Entends nos chants d'amour.
O toi qu'on honore en ce jour,
    Entends nos chants d'amour,    }   *(Bis.)*
      Nos chants d'amour.

*Solo.*

Comme un jardin, toujours orné de fleurs,
Embaume tout et charme notre vie,
Ainsi ton cœur, ô divine Marie,
Par ses vertus mérite nos honneurs.

*Chœur.*

O cœur divin de notre auguste mère,
    Entends nos chants d'amour ;
O toi qu'on honore en ce jour,
    Entends nos chants d'amour.

*Solo.*

Les fleurs de nos riches parterres,
Celles qui nous flattent le plus,
N'ont rien, la plus chère des mères,
De comparable à tes vertus.
Mais permets, qu'en chantant ta gloire,
Et les charmes de tes attraits,
Nous fixions en notre mémoire
De ta beauté les riches traits.

*Chœur.*

O cœur divin de notre auguste mère,
        Salut !
O toi qu'on honore en ce jour,
Daigne recevoir notre humble prière,
        Entends nos chants d'amour.
O toi qu'on honore en ce jour ,          ( *Bis.* )
        Entends nos chants d'amour,
          Nos chants d'amour.


                        Par  l'abbé A. L. B.

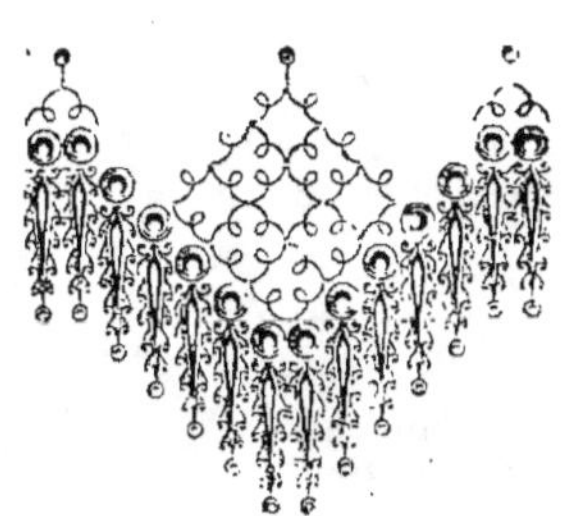

## N° 35.

# Traduction du Sub tuum.

CANTIQUE EN CHOEUR A TROIS VOIX.

Puissante protectrice
Des fragiles humains,
Vierge toujours propice,
Veillez sur nos destins.
Mille sujets d'alarmes
Sont semés sur nos pas :
Dans ce séjour de larmes,
Ne nous délaissez pas.

Satan, la chair, le monde,
Conspirent contre nous ;
Que votre bras confonde
Tous leurs efforts jaloux.
Vous êtes notre mère,
Secourez vos enfants :
En vous leur cœur espère,
Rendez-les triomphants.

Partout à l'innocence
Des piéges sont tendus ;
Prenez notre défense,
Ou nous sommes perdus.
Ah ! sur notre faiblesse
Daignez fixer vos yeux,
Et guidez-nous sans cesse
Pour nous conduire aux cieux.

## N° 36.

# Litanies de la Sainte Vierge.

A DEUX ET TROIS VOIX ET CHOEUR.

*Trio.*

Kyrie, eleïson.
Christe, eleïson.

*Chœur.*

Christe, audi nos, Christe, exaudi nos.

*Trio.*

Pater de cœlis Deus, miserere nobis.

*Chœur.*

Fili redemptor mundi Deus, miserere nobis.

*Trio.*

Spiritus sancte Deus, miserere nobis.

*Chœur.*

Sancta trinitas unus Deus, miserere nobis.

*Duo.*

Sancta Maria, sancta Dei genitrix, sancta virgo virginum,
   ora pro nobis, ora pro nobis.

*Chœur.*

Mater Christi, ora pro nobis.

*Duo.*

Mater divinæ gratiæ, mater purissima, mater castissima,
   ora, ora pro nobis.

*Chœur.*

Mater inviolata, ora pro nobis.

*Trio.*

Mater intemerata (*Basse :* ora pro nobis), mater amabilis,
   (*Basse :* ora pro nobis), mater admirabilis, (*Basse :* ora pro
   nobis), ora, ora pro nobis.

*Chœur.*

Mater creatoris, ora pro nobis.

*Trio.*

Mater salvatoris, virgo prudentissima, virgo veneranda, (*Basse :* ora), virgo veneranda, (*Basse :* ora), ora pro nobis, ora pro nobis.

*Chœur.*

Virgo prædicanda, ora pro nobis.

*Duo.*

Virgo potens, virgo clemens, virgo fidelis, ora pro nobis, ora pro nobis.

*Chœur.*

Speculum justitiæ, ora pro nobis.

*Duo.*

Sedes sapientiæ; causa nostræ lætitiæ; vas spirituale, ora, ora pro nobis.

*Chœur.*

Vas honorabile, ora pro nobis.

*Trio.*

Vas insigne devotionis (*Basse :* ora pro nobis); rosa mystica (*Basse :* ora pro nobis); Turris davidica (*Basse :* ora pro nobis), ora, ora pro nobis.

*Chœur.*

Turris eburnea, ora pro nobis.

*Trio.*

Domus aurea; fœderis arca; janua cœli (*Basse* ora); janua cœli (*Basse :* ora), ora pro nobis, ora pro nobis.

*Chœur.*

Stella matutina, ora pro nobis.

*Duo.*

Salus infirmorum; refugium peccatorum; consolatrix afflictorum, ora pro nobis, ora pro nobis.

*Chœur.*

Auxilium christianorum, ora pro nobis.

*Duo.*

Regina angelorum ; regina patriarcharum ; regina prophe-
tarum, ora, ora pro nobis.

*Chœur.*

Regina apostolorum, ora pro nobis.

*Trio.*

Regina martyrum (*Basse :* ora pro nobis) ; regina confesso-
rum (*Basse :* ora pro nobis) ; regina virginum (*Basse :* ora
pro nobis), ora, ora pro nobis.

*Chœur.*

Regina sanctorum omnium, ora pro nobis.

*Trio.*

Agnus Dei, qui tollis peccata mundi, parce nobis, Do-
mine.

*Chœur.*

Agnus Dei, qui tollis peccata mundi, exaudi nos, Do-
mine.

*Trio.*

Agnus Dei, qui tollis peccata mundi, miserere nobis.

*Chœur.*

Christe, audi nos ; Christe, exaudi nos.

# TABLE

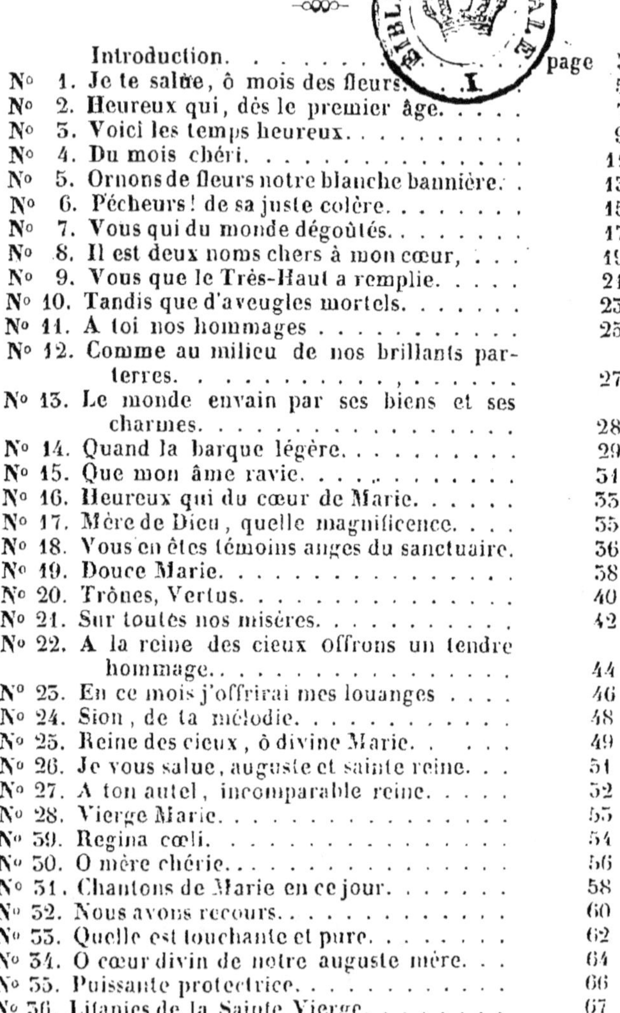




ROUEN, IMPRIMERIE DE MÉGARD,
Rue Martainville, 200.